초 등
국어교본
하

조선어학회 지음

군정청학무국

초등 국어교본

하

조선어학회 지음

군정청학무국

초등국어교본. 하, 초판본(1946)

발행일 2015년 10월 20일
발행인 전갑주
발행처 한국교과서주식회사
북디자인 김소영(rururu82@naver.com)
스캔작업 전도연(dy995@hanmail.net)

주소 서울특별시 서초구 논현로 83 (양재동, 삼호빌딩 A동 1916호)
출판등록 2013년 06월 07일(제2013-000098호)
전화 02-815-0114
팩스 02-815-0112
전자우편 8150114@naver.com

이 책은 광복_분단 70년 및 국어교과서 탄생 120주년을 기념하고자
32년 수집인생, 교육자료 수집가 전갑주의 소장자료에서 영인한 것입니다.

초등국어교본 하. 복제본 값 49,000원
03700
9 788959 551071
ISBN 978-89-5955-107-1 불법 복제 금지

ISBN 978-89-5955-107-1
Printed in Korea

*잘못된 책은 바꾸어 드립니다.

목 록

제 일과 백두산

一 이 땅의 한복판에 우뚝한 이 산,

檀君 단군님 우리 시조 나리신 이 산.

번성한 우리 민족 앞뒤로 퍼져,

우럴어 사모하는 신성한 이 산.

二 天池 천지의 흐르는 물 바다가 되고,

연지봉 이는 구름 비를 내린다.

옛 터전 도로 찾아 갈고 심으며,

큼직한 우리 조선 새로 이룬다.

제 이과 돈의 내력

사람의 지혜가 아직 발달되지 못하였던 예전에는, 돈이라는것이 없었으므로, 사람들은 무엇이든지 아쉬운것이 있으면, 자기가 가지고 있는것으로, 그 아쉬운것을 바꾸었습니다. 이를테면, 여기 포수가 있어서, 생선이 먹고싶다면, 그는 자기가 잡은 새나 짐승을 가지고 어부에게로 가서, 그 생선과 바꾸었던것입니다.

그러나, 세상이 차차 진보하고 복잡하여짐을 따라, 사람들은 이 방법이 너무나 불편한것을 깨닫게 되었습니다. 어째서 그러냐 하면, 모처럼 바꾸려고 하여도, 저편에서 이편것을 원하지 않거나, 또는 두편의 물건이 서로 상당한 분량이 되지 못하거나, 그 외 여러가지 사정으로 말미암아, 바꿈질이 마음대로 되지 않는 경우가 많은 까닭이올시다. 그래서, 사람들은 무슨 좋은 도리가 없을까 하고, 여러가지로 생각한 결과, 어느 물건 한 가지를 작정하여 놓고, 이것만 가지면, 어떤 것이라도 마음대로 바꿀 수가 있게 하였습니다. 이것이 곧 돈의 시초올시다.

그 한가지로 작정하였다 하여도, 이것은 때를 따라 다르고, 곳을 따라 달랐습니다. 그러나, 대개 조개껍질이나, 가축(家畜)이나, 가죽이나, 곡물(穀物)들을 썼는데, 이러한것은 부서지기도 쉽고, 너무 무겁기도 하고, 나누기가 불편하기도 하고, 그 외 여러가지 결점이 많이 있습니다. 그래서 다시 연구하여, 마침내, 오늘날 우리들이 사용하는 돈을 만들어내게 된것입니다.

제 삼과 화락한 가정

강영길(姜永吉)의 집에서는, 저녁상을 치우고나서, 등잔불 아래 이야기판이 벌어지었다. 여섯살 먹은 수길(壽吉)이는, 수염이 허옇게 센 할아버지에게 폭 안기면서,

"할아버지, 옛날 이야기 해주서요."

하고 어리광을 부리니까, 할아버지는

"옛날 이야기. 글쎄, 무슨 이야기를 할까?"

하고 수길의 머리를 어루만진다.

"글쎄, 무슨 이야기를 할까? 이야기도 하도 하니까, 할것이 없구나."

"수길아, 내 할께. 오늘 학교에서 동무한테 재미있는 이야기를 들었다."

영길이가 웃는 낯으로 수길이를 바라보며, 이렇게 말한즉, 수길이는 금방 형의 앞으로 쪼르르 가서, 턱밑으로 다가앉아, 형의 입만 바

라본다. 할머니는 그 모양이 하도 귀여워서,

"아이, 고거."

하고 웃으려한다. 영길이는

"나는 안 한다."

하고 놀리니까,"

"아이, 어서 해."

하고, 몸을 살래살래 흔들며 바싹 턱밑으로 다가앉는다.

"예전에 어느 시골 사람이 서울 구경을 갔는데, 점심 때가 되어 배는 고프나, 마침 노자가 떨어졌대._ 그래서, 한 푼를 내어가지고, 어느 과실 가게 앞으로 가서, '이것이 무엇이요?' 하고 자기 옷을 가리키었거든. 그리니까, 주인이 '옷이요.' 그랬지. 하니까, '예.' 하고 가게 안으로 쑥 들어가서, 잣을 가리키며, '이것은 무엇이요?' 했단말이야. 그리니까, '잣이요.' 할것이 아니야? '예, 먹지요.'

하고, 삶것 먹고나서, 이번에는 자기가 쓴 갓을 가리키며, 또 '이것이 무엇이요?' 했지. 주인은 멋도 모르고 '갓이요.' 하니까, 옳다꾸나 하고 '예, 가지요.' 그리고 휙 나갔대."

온 집안은 한바탕 웃음판이 되었다. 영길이의 누이는 동생의 머리를 쓰다듬으며,

"영길이는 참 이야기를 맛이 있게 잘도 해요."

하고, 집안 식구들을 돌아보았다. 이 때 어머니는

"무슨 이야기를 그렇게 재미있게 하니?"

하고 웃으며 들어왔다. 이 집은 언제든지 이와 같이 화락하게 지내간다.

제 사과 이순신 장군

머언 남쪽 바다로

침노하는 왜군을,

오는대로 다 잡은

우리 장군 이순신(李舜臣).

그 손으로 만드신

신기로운 거북배,

이 세상에 발명된

철갑선(鐵甲船)의 첨일세.

제 오과 물 가

깊은 산ㅅ골 사람들은, 돈을 내고 물을 산다는것은 꿈에도 생각하지 않을것이나, 서울 같은 도회지에 사는 사람들은, 쓰는대로 수도료를 내고 사용합니다. 같은 물건이라도 마음대로 얻을 수 있으면 값이 없고, 얻기 어려우면 값이 있는것입니다.

그러나 얻기 어려운것이라도 쓸 곳이 없는것은 값이 없습니다. 가령 여기 돌 한덩이가 있다고 하지요. 그것이 여간 희소한것이 아니어서, 쉽게 얻을 수 없는것일지라도, 만일 아무데도 쓸 곳이 없다 하면, 누가 이것을 사겠습니까? 그러니까, 값도 없을것입니다. 이와 같이 물건의 값이라는것은, 사람에게 필요한것과, 마음대로 얻기 어려운것, 이 두가지 요건을 갖후어야 생기는것입니다.

또 값이 비싸고 싼것은 어찌하여 생기느냐 하면, 가령 여기 팔 소가 한마리 있고, 살 사람이 다섯이 있다면, 그 다섯사람은 제각기 그 소가 다른 사람에게 넘어 갈까보아, 서로 다투어 값을 올리게 됩니다. 그래서 제일 많이 부른 사람의 손에 가게 되는것입니다.

이와 반대로 소를 팔려는 사람이 다섯이 있고, 살 사람은 하나밖에 없다 하면, 소 임자는 각각 자기의 소가 팔리지 않을까보아, 서로 다투어 값을 내리게 됩니다. 그래서 제일 헐하게 부른 사람의 소가 팔리어 가게 되는것입니다.

이와 같이, 물건이 많고 사려는 사람이 적으면, 물가가 내려가고, 반대로, 물건은 적고 사려는 사람이 많으면, 물가가 올라가는것입니다.

즉 물가의 고하는, 주로 수요 공급의 관계로 정하여지는것입니다.

제 육과 황희 이야기

세종대왕(世宗大王) 때에 황희(黃喜)라고 하는 재상(宰相)이 있었습니다. 이 재상은 학식이 많고 인격이 원만하고 정치를 잘 하여, 이조(李朝) 역대(歷代)의 재상 중에서 제일 장한이라고 치는이입니다.

이 재상의 늙었을 때의 일입니다. 어느 따뜻하고 고요한 가을날, 그 집 후원(後園)에 있는 배나무에 주렁 주렁 달린 배가 누렇게 익어, 보기만 하여도 침이 꿀떡꿀떡 넘어갈 지경입니다. 뒤ㅅ집 아이는 날마다 쳐다보고는 탐을 내어오다가, 마침내 참지를 못하고 커다란 돌멩이를 집어 몇번 던졌습니다. 그중 한 돌멩이가 잘 맞아서, 커다란 배가 뚝뚝 떨어지었습니다. 이 아이는 좋다꾸나 하고, 뒤ㅅ문으로 살금살금 들어갔습니다. 마침 그 때입니다.

"이리 오너라."

하고, 하인을 부르는 이 재상의 목소리가 우렁차게 났습니다. 깜짝 놀란 이 아이는, 저를 꼭 잡으려는줄 알고, 가슴을 두근거리며 나무 그늘에 숨도 못 쉬고 있는데, 뜻밖에도

"얘, 저기 배가 몇개 떨어졌으니, 그것을 주워서 뒤[illegible]집 아기에게 갖다 주어라."

합니다. 이 아이가 얼마나 기뻐하였겠습니까?

이 재상이 그 얼마나 도량이 넓은이었든지, 이것으로도 가히 알 수가 있지요. 그러나, 이 재상이 처음부터 그렇게 마음이 너그러운것은 아니었습니다.

학식이 많고 재주가 있느니만큼, 남을 깔보고, 누가 조금만 잘못하여도 곧 이것을 끄집어내어 떠들었던이입니다. 그러한이가 어찌하여 이렇게도 변하였을까요? 거기에는 다음과 같은 재미있는 이야기가 있습니다.

이 재상이 아직 혈기가 왕성한 젊은 때의 일입니다. 암행어사가 되어, 각 지방에서 정사를 잘 하나 못 하나, 이것을 살피러 돌아다니었습니다. 하루는 길 곁에서 늙은 농부가, 소 두마리를 몰아 밭을 갈고있었습니다. 이 재상은 이 농부에게, 그 골 원이 착한가 그른가를 물어볼 작정으로, 우선

"여보, 저 소 두마리 중에, 어느 소가 일을 더 잘 하오?"

하고, 지나가는 말로 물었습니다. 그랬더니, 그 농부가 이 재상의 곁으로 바짝 와서, 귀에다 입을 대고 무슨 큰 비밀이나 말하듯이,

"왼쪽 검정 소가 더 잘 한다오."

하고 대답합니다. 이 재상은 하도 웃으워서,

"아 여보, 그까짓것을 다 무얼 귀에다 대고 한단 말이요?"

하고 웃은즉,

"참, 젊으신네란 할수 없군. 암만 짐승이라도, 제가 못하다는 말을 듣고는, 좋아할리가 있겠소?"

"그럼, 저 소들이 사람의 말을 알아듣는다는 말이요?"

이 말을 들은 농부는, 금방 낯빛을 고치며,

"그럼, 당신은 저 소들이 사람의 말을 아주 못 알아듣는줄 아는게구료. 그러나 그런것이 아니요. 자 보시오. 내가 '이러! 이러!' 하면 가지요. '워!' 하면 서지요. '어디여! 어디여!' 하면 왼편으로 가지를 않소? 물론 우리 사람들 같이 모두 알아듣지는 못하나, 지렁이도 디디면 꿈틀한다는 격으로 다 생각이라는것이 있는것이니까, 아무리 짐승이라도 막우해서는 아니됩니다."

이 말을 들은 이 재상의 고개는, 점점 숙으러지었습니다. '저 농부는 짐승에 대하여서도 저렇게 생각을 하고있건마는, 나는 어떠한가? 나의 조그마한 재능만 너무 믿고, 내가 제일인체하며, 남을 얕보았다. 이 얼마나 부끄러운 일인가?' 이렇게 생각을 한 까닭입니다.

한참 동안 잠자코 머리를 숙이고 있던 그는, 고개를 쳐들어 농부에게 깊이 사례를 하고, 그 곳을 물러갔습니다. 이 후로는 항상 자기의 잘못이 없나 반성을 하여, 마음의 수양에 끊임없는 노력을 하여왔습니다. 이렇게 하여, 마침내 딴 사람으로 변하여진것입니다.

제 칠과 시조 세수

(一)

잘 가노라 닫지 말며, 못 가노라 쉬지 말라.
부디 긏지 말고, 촌음(寸陰)을 아껴 쓰라.
가다가 중지 곧 하면, 아니 감만 못하니라.

(二)

세상 사람들이 입들만 성하여서,
제 허물 전혀 잊고, 남의 흉 보는구나.
남의 흉 보거라 말고, 제 허물을 고치과저.

(三)

여보오, 저 늙은이, 짐 벗어 나를 주오.
나는 젊었거니, 돌인들 무거울까.
늙기도 설워라커든, 짐을조차 지실까.

제 팔과 은 행

"아버지, 은행은 돈을 맡기는뎁니까?"

"그래."

"왜 돈을 은행에 맡깁니까?"

"돈이라는것은 집에 그저 둘것이 아니다. 집에 두면, 부지중에 헤프게 쓰기 쉬울뿐 아니라, 혹시 불이 나든지, 도둑을 맞든지 하는 위험이 있는것이다. 그러니까 조금이라도 쓰고 남는 돈이 있으면, 반드시 맡기어 둘것이다."

"은행에 맡긴 돈은, 언제든지 찾아낼 수가 있습니까?"

"은행 예금에는, 정기예금(定期預金)이라는것과, 당좌예금(當座預金)이라는것이 있는데, 당좌예금은 언제든지 찾아낼 수가 있는것이고, 정기예금은 맡긴 날로부터, 반년 또는 일년이라는 기한을 처음에 정해 놓아서, 그 기한 안에는 못 찾게 마련한것이다."

"그럼 당좌예금이 편리한데요."

"편리는 하나, 그 대신 이자가 싸다. 이자로 말하면, 정기예금이 훨씬 많이 붙는다. 그러니까 금방 쓸 돈이 아니면, 정기예금을 해 두는것이 이롭다."

"대체 은행에서 남의 돈을 맡아가지고, 그것을 어떻게 하는것입니까? 괜히 남의 돈을 맡아가지고, 이자만 치르면 밑지지 않습니까?"

"세상에는 돈이 남는 사람도 있지마는, 또 무슨 사업을 하려해도 돈이 없어서 못하는 사람도 있다. 그래서 은행은 그 맡은 돈을, 그러한 사람에게 꿔어주어서, 사업을 하게 한다. 그런데 그 꾸어 간 사람에게서는 이자를 많이 받고, 맡긴 사람에게는 이자를 조금 준다. 그만하면 알겠지."

"예, 알았습니다."

제 구과 동물의 몸ㅅ빛

논에 사는 개구리는 흙빛이고, 나무ㅅ잎에 사는 청개구리는 초록빛입니다. 노랑 나비는 배추꽃에 모이며, 흰 나비는 무 밭에 모여듭니다. 낮에는 어두운 곳에 숨었다가, 해 진 뒤에 나와 날아다니는 박쥐는 암흑(暗黑) 빛이요, 물ㅅ속 모래 바닥에 사는 모래무지나 가자미 종류는 그 몸의 한편이 모래ㅅ빛과 같습니다.

이와 같이 동물 중에는 그 몸ㅅ빛이 주위에 있는 물건의 빛과 흡사하여, 분간하기 어려우므로, 쉽사리 다른 동물에게 뜨이지 않는것이 있습니다. 이러한 동물은 적(敵)에게 습격을 당할 염려는 적고, 도리어 다른 동물을 습격하기에는 편리합니다. 이런따위의 몸ㅅ빛을 "보호색(保護色)"이라고 합니다.

동물 중에는 그 주위의 빛이 변하여감을

따라, 보호색까지도 변하는것이 있습니다. 벼 메뚜기는 처음에는 벼 잎사귀와 같이 푸르다가, 차차 가을이 되어 그 잎사귀 빛이 변하여가면 그 메뚜기 빛도 달라가는것은 누구나 다 잘 아는것입니다. 또 북쪽 나라에 있는 토끼는, 그 털ㅅ빛이 마른 풀ㅅ잎사귀와 같으나, 눈이 올 때가 되면 흰빛으로 변하며, 오징어는 물ㅅ속에서 헤엄칠 때에는 물ㅅ빛인데, 바위에 앉게 되면 금방 바위 빛으로 변합니다.

이렇게 주위에 따라 보호색이 변하는것도 재미있으나, 그보다도 더 재미스러운것이 있습니다. 그것은 형체(形體)까지 그 주위에 있는 물건과 같이 되는것입니다. 예를 들면, 뽕나무에 사는 자벌레는, 그 꽁무니를 뽕나무 가지에 착 붙이고, 몸을 비스듬히 내 뻗고 쉽니다. 그러면 그 형상이 아주 뽕나무ㅅ가지처럼 보입니다. 또 대만(臺灣)이나 남양(南洋) 방면에 많이 사는 나무ㅅ잎나비는, 날개의 바깥쪽은 채색이 영롱하여 대단히 아름다우나, 그 안쪽은 마른 나무ㅅ잎과 같은 까닭에, 날개를 접치고 나무ㅅ가지에 앉으면, 천연 마른 잎사귀와 같이 보입니다.

이렇게 제 몸들을 감추려고 하나, 또 이와 아주 반대로, 제 몸ㅅ빛을 뚜렷하게 나타내는것도 있습니다. 이러한 동물은 흔히, 다른 동물을 해치는 무기를 가지고있거나, 다른 동물이 싫어하는 맛이나 냄새를 가졌습니다. 그래서 다른 동물들은 얼핏 알아보고 가깝게 하지를 않습니다. 즉 저를 얼핏 눈에 뜨이게 해서, 그 몸의 안전을 얻는것입니다. 예를 들면, 독을 가진 벌의 몸은 누른빛 검은빛으로 아롱지며, 맛이 고약한 호랑나비는 날개 빛이 혼란합니다. 이런따위의 몸ㅅ빛을 "경계색(警戒色)"이라고 합니다.

제 십과 고기잡이

나의 할아버지도 고기잡이였었다.

나의 아버지도 고기잡이고,

나도 또한 고기잡이다.

나는 고기잡이임을 자랑한다.

보아라, 끝 없는 저 바다를.

저기가 나의 일터이다.

새파란 그 물ㅅ속,

거기는 무한한 보배의 광이다.

나의 팔뚝 노를 잡으면,

배는 나의 마음대로이다.

사나운 해풍(海風)에 그을어진,

거무틱틱한 얼굴에 해ㅅ발이 쏘인다.

제 아무리 모진 바람이 억셀지라도,
나의 마음은 반석같다.
산악 같은 물ㅅ결을 헤쳐 나갈 때,
나의 눈초리엔 미소가 어린다.

얼씨구, 오늘도 또 나가서,
나는 줍겠다, 바다의 보배.
넓은 하늘, 푸른 물ㅅ결, 그 사이에,
어기여차, 배ㅅ노래 높이 부르며.

제 십 일과 금강산

내금강(內金剛)

내금강역(驛)에서부터는 전혀 깊은 산ㅅ골짜기만을 걸어 오다가 정양사(正陽寺)가 있는 언덕에 올랐을 때에는, 눈이 탁 티어, '야아!' 하는 소리가 나도 모르게 나왔다.

금강산 전체 면적은 사만메트르 평방을 넘는다는데, 장안사(長安寺)로부터 상당히 걸은것 같이 느끼었으나, 지도로 보면은, 겨우 금강산 문을 들어선, 그 정도에 지나지 않는다. 올라온 동쪽을 돌아다보니, 구름을 찌를듯한 산ㅅ봉우리가 수없이 바라다보인다. 망군대(望軍臺)를 포함한 한줄기 산은, 백마(白馬), 일출(日出), 월출(月出), 이러한 뭇 봉우리가 서로 다투어 한눈에 보이는것이다. 이러한 이 곳의 경치는 참으로 우리 나라의 손곱는 일대장관(一大壯觀)이라 아니할 수 없다.

"월출봉 옆에 유달리 뛰어난것이, 이 금강산에서 제일 높은 비로봉(毘盧峯)입니다."

나는 길 인도하는 사람의 가리키는 편을 우럴어 보았다. 내일은 저 꼭대기에 올라 서리라 생각하니, 가슴이 두근거림을 금하지 못하겠다.

정양사의 오색이 찬란한 여러 집과 신라(新羅)의 옛 탑(塔)을 돌아보고, 다시 잡초가 무성한 길을 헤치고 표훈사(表訓寺)까지 내려갔다.

산ㅅ골짜기를 덮은 담쟁이 덩굴과, 머루의 누른 잎이, 때마침 석양을 받아, 이 세상ㅅ것이라고는 생각도 되지 않을만큼 아름답게 빛나고 있다.

물ㅅ가로 나서서, 길은 또다시 물ㅅ길을 따라 올라가는것이었다. 만폭동(萬瀑洞)에 가까운 금강문(金剛門)을 넘을 때에는, 짧은 가을 날이 벌써 서산(西山)을 넘어, 치어다보이는 앞산 절벽에, 비

낀 해ㅅ발이 알롱달롱 무늬를 짜내어, 참으로 눈이 부실듯하다.

나는 절벽에 걸린 보덕굴(普德窟)에 올라가기도 하고, 분설담(噴雪潭) 아름다움에 나 자신을 잊기도 하였다. 더욱이나 인도하는 사람의 선녀(仙女) 전설(傳說)에는 무한한 흥미를 자아내었다.

비로봉(毘盧峯)

얼굴을 씻고나서, 곧 비로봉 꼭대기를 향하여 나는 산장(山莊)을 떠났다.

부근 일대는 숲이 욱어지고, 그 나무ㅅ가지 위로 비로봉 꼭대기에 있는 차ㅅ집의 지붕이 보일락말락한다. 올라가는 길은 꿈틀꿈틀하고 조약돌이 섞이어, 수풀 속을 이리저리 꽤매고있다.

한발 두발 떼어놓는대로, 동쪽으로부터 북쪽에 걸치어, 외금강(外金剛) 일대의 산ㅅ봉우리가 발밑에 그림 같이 펼쳐놓여, 온정리(溫井里) 근처는 명

울멍울한 운해(雲海)에 묻히어 아득히 보인다.

기어히 금강산 일만 이천봉의 맹주(盟主) 비로봉 꼭대기에 올랐다. 돋아 오르는 해를 맞이하려는 사람들이, 벌써 오륙십명이나 모여 있고, 동해를 바라보니, 바다ㅅ물은 아득히 하늘 끝에 닿아, 거기가 하늘 같고, 거기가 바다 같다.

이윽고 새빨간 태양이 황홀하게 불끈 솟아 올랐다. 그 순간 장엄한 느낌에 모든 사람이 눌려버렸다. 그뿐 아니라, 무한히 마음이 깨끗하여짐을 깨달았다. 태양은 그 동안에도 쉬지 않고, 부쩍부쩍 떠 오르고있다. 그리고 모든 산ㅅ봉우리는 자주ㅅ빛으로 물들어, 마치 꿈과 같다. 실로 이 장관은 숭고하고 신비롭다. 이 광경은 실지로 보지 않은 사람으로는, 도저히 상상도 할 수 없을것이다.

만물상(萬物相)

구만물상(舊萬物相)에서 삼선암(三仙岩)과 귀면암(鬼面岩)들에게, 기암괴석의 묘한 맛을 본 나는, 온정리 여관으로 돌아갈 예정을 고치어, 그 길로 신만물상(新萬物相)으로 향하여 산ㅅ길을 올라섰다.

도중에는 쇠사슬을 붙잡고 올라가는 암벽(岩壁)도 있고, 나무토막을 쌓아 올린 길도 있으며, 큰 바위ㅅ돌을 뚫어 문을 만들어 놓은 데도 있다. 절기는 이미 중추(仲秋)이지만, 내 전신에는 땀이 흐른다.

간신히 중앙에 있는 천선대(天仙臺)에 올라 섰다. 여기는 신만물상은 물론이요, 외금강 일대의 천산 만악을 바로 대관(大觀)할 수 있는 곳이다.

전하는 말을 들으면, 만물상의 괴암(怪岩)은 조물주가 이 세계를 만들어 내실 때에, 만물의 모형으로 만드시었던것이, 그대로 돌이 되어 여태까지 남아있다는것이다. 바위마다 재ㅅ

빛, 자주ㅅ빛 화려한 옷들을 입고, 그 괴상하고 이상한 자태로 웅게중게 서있는 모양은, 누구에게든지, 이 세상에 없는 별천지에 온 느낌을 준다. 이것이 과연 혈맥이 통하지 않는 바위라 할까? 수족을 갖지 않고 몸을 옮기지 않을뿐이지, 조금도 살아있지 않다고 생각할 수 없다. 아니, 이 말없는 바위들도 깊은 밤 온 천지가 고요할 때에는, 서로서로 속삭일지도 모른다.

때마침, 이름도 모를 적갈색(赤褐色)의 새 한마리가, 내 발밑 천길 만길이나 되는 산ㅅ골짜기를 울며 스쳐 간다. "바스락" 하는 소리와 함께, 불 붙는듯한 단풍 잎 사이로 다람쥐 두서너마리가 달아난다. 그러하나 사방(四方)은 너무나 고요하고, 너무도 신비스럽다. 나는 무서움을 털어버리는듯이 천선대를 내려와, 세지봉(勢至峯)으로 올라 섰다.

세지봉의 고개를 넘으니, 나의 눈 앞은 별안간 탁 틔어, 비로봉으로부터 동해에 이르기까지, 그 모든 경치가 나의 한눈에 모여든다. 바다위에는 흰 돛을 단 배가 다섯 여섯.

장전(長箭)으로부터 깊숙히 들어온 바다ㅅ물이, 아름답게도 바로 내 발 밑에 있다. 해금강(海金剛)은 공교롭게도, 산 그늘 속에 파묻히어 보이지는 않으나, 아마도 바다ㅅ물이 들어온 저편인가싶다.

나는 꿈나라에서 다시 이 세상으로 돌아온듯이, 가슴 깊이 호흡을 하였다. 시월 태양은 그 보드러운 손으로, 일만 이천봉을 모조리 어루만지고있다.

제 십 이과 편 지

어머님 보시옵소서.

문안 아뢰옵나이다. 높은 바람이 선선한 이 때에, 어머님께옵서 안녕하시와, 하정에 무엇보다 기쁘옵나이다. 이 곳도 할아버님과 할머님을 모시옵고, 다 무고히 지내오니, 안심하시옵소서. 하서로 듣자오면, 해주(海州) 아저씨 내외분이 와 계시다 하오니, 얼마나 기쁘시겠삽나이까? 저도 오래간만에 꼭 한번 뵈옵고싶사오나, 물과 산이 멀리 가리었을뿐더러, 가사에 얽매어 하성(下誠)을 이루지 못하오니, 이 말씀이나마 전하여 주시옵소서.

그저께부터 어제까지는, 온 집안이 다 나서서 벼를 베었습니다. 다 나섰다 하여도, 남자라고는 단 둘밖에 없고, 모두 여자뿐이므로, 스무남은마지기 베기도 벅차서, 날마다 이른 아침부터 저물 때까지 걸리었삽나이다. 올에 일흔 하나이신 할아버님 근력 좋으신 거란, 참으로 놀랍사옵나이다. 가끔 우스운 말씀을 하시어, 여러 사람들을 웃기시면서, 별로 쉬시는 일도 없이 기운차게 하시고, 항상 "아직 젊은 사람에게 지지는 않는다." 하시옵나이다. 이 말씀을 듣자올 때마다, 일변 기쁘기도 하고 일변 부끄럽기도 합니다.

흐르는 세월을 살 같사와, 제가 여기 온지도 벌서 두 해가 되었삽나이다. 때때로 편리한 서울 생각이 안 나는것은 아니오나, 시골에는 시골이 아니면 맛볼 수 없는 재미도 있삽고, 또 모든 식구가 다 친절하게 하여주시므로, 거리낄것 없이 유쾌하게 지내오니, 하렴하지 마시옵소서. 아뢰올 말씀 많사오나, 어만 그치옵나이다.

아버님께 문안 여쭈어주시옵소서.

시월 스무날　　여식 옥순(玉順) 사룀

제 십 삼과 부여(扶餘)

一 따뜻한 봄날에 동무들과,
백제(百濟)의 옛 서울 찾아 드니,
무심한 구름은 오락가락,
바람은 예대로 부는구나.

二 부소산(扶蘇山) 얼굴은 아름답고,
우는 새 소리도 즐겁도다.
성터는 지금도 반월(半月)이란,
이름과 한가지 남아 있다.

三 백마강(白馬江) 맑은 물 흐르는 [illegible]
낙화암(落花巖) 절벽이 솟았는데,
꽃처럼 떨어진 궁녀들의,
길고 긴 원한을 멈췄으리.

四 고색(古色)이 창연(蒼然)한 평제탑(平濟塔)은
외로이 섰지만, 이 근방은
큰 절의 옛 터라 전하도다.
높으신 스님도 계셨으리.

五 반갑다, 부여(扶餘) 땅 산천 초목,
모두 다 회구(懷舊)의 느낌이라.
떨어진 기아ㅅ장 한쪽에도,
천년 전 문화 꽃 향기롭다.

제 십 사과 도회와 시골

"도회가 좋으냐? 시골이 좋으냐?" 이 물음에 대한 대답은, 아마 사람을 따라 다를것이다. 시골 사람이 어쩌다가 도회지에 가면, 그 번화함과 편리함에 놀라, 여기서 살고싶어할 것이요, 이와 반대로 도회지 사람이 시골을 가면 그 경치와 인정의 아름다운것을 부러워할것이다.

도회지는 참으로 번화하다. 길은 사방 팔방으로 통하였고, 삼사층 큰 집들은 추녀를 맞대었으며, 전등 불은 대낮 같이 밝고, 거마의 왕래는 꼬리를 달아 그침이 없다.

도회는 참으로 또 편리한 곳이다. 전신 전화가 있으며, 전차 자동차가 있다. 관청이 있고, 은행 회사가 있다. 학교 병원이 있으며, 극장 공원이 있다. 모든 가게는 좌우에 즐

비하여 사고싶은 물건에 못 살것이 없다. 도회의 생활을 부러워함은 무리가 아니다.

그러나 도회의 생활에도, 곤란이 있고 불쾌한 일이 많다. 모든것을 사야만 손에 들어오며, 인심이 사나와서 조금도 안심을 허락지 않는다. 사람이 많이 사니, 공기도 자연 더러우며, 인가가 잔뜩 있으니, 화재의 염려도 적지 않다.

그러면 시골은 어떠한가? 물론 시골은 도회와 같이 번화하지도 못하고, 편리하지도 못하다. 그러나 그 산수의 아름다움과, 공기의 깨끗함이며, 인심이 좋고, 생활에 불안이 적은것들은, 도회에서 구하기 어려운것이다. 전염병과 화재에 대한 염려는 어떠한가? 이것도 도회에 비하면 훨씬 적어, 적이 마음이 놓이는것이다.

이와 같이 도회와 시골은, 어느편이 낫고 어

느편이 못하다고, 꼭 잡아내어 말하기는 어렵다.

문견을 넓히고, 기능을 배우려면 도회지가 좋으며, 새로운 사업을 일으키어 크게 활동을 하려면, 도회지가 마땅할것이다. 그러나 국가의 기초는 지방에 있다. 조상 때부터 전하여오는 농토를 지키어, 생산에 힘쓸것이며, 나아가서는 주위의 사람들을 이끌어 지방 개발에 당할것이다. 이것이 국가의 기초를 튼튼하게 하는것이요, 참으로 나라를 위하는것이다.

세상에는, 별로 이렇다는 목적도 없이, 다만 도회지에 들어가 몸을 망치고 집을 패하며, 부모의 이름조차 더럽히는 자가 있다. 이 어찌 경계할바가 아닌가?

제 십 오 과 김정호

지금으로부터 한 백년 전 일이다. 황해도(黃海道) 어느 두메에 한 소년이 황혼을 띠고, 다 쓰러져가는 초가집 뜰에 섰다.

자욱한 저녁 노을에 싸인 산ㅅ봉우리가, 이리저리 이어 나간것을 아득히 바라다보며, 무엇을 골똘히 생각하고있더니,

"대체 저 산ㅅ줄기가 어디서 일어나, 어디로 가서 그치나? 그리어 놓은것이라도 있으면, 알 도리가 있으련만, 우리들 배우는 책에는, 도무지 그러한것이 없다."

이렇게 혼자 한탄을 한다. 이 소년의 성은 김(金)이요, 이름은 정호(正皥)이다.

가난한 집안에 태어났으나 공부하기를 좋아하고, 한번 마음에 의문이 생기면, 어디까지든지 이것을 풀고야 만다.

그 날 밤에도 전과 같이 글ㅅ방에 가자, 곧 스승에게 산에 대한것을 자꾸 물어보았다. 그러나 스승은

"그런것은 알아 무엇 하느냐?"

하고, 다시는 대꾸도 하여주지 않는다. 하는 수 없이 그 자리에서는 그대로 넘기었으나, 갑갑한 마음은 좀체로 사라지지 않았다.

그 후 몇 해가 지나서, 친한 벗으로부터 읍도(邑圖) 한장을 얻었다. 산도 있고 내도 있고 향리의 모양이 소상하게 그리어 있다. 그는 뛸듯이 기뻐하여, 자기가 몸소 이것을 가지고, 동네마다 돌아다니며, 낱낱이 맞추어 보았더니, 생각하던바와는 아주 딴판이었다. 틀린것 빠진것이 많아, 꼭 맞는것은 극히 드물었다. 너무도 실망한 그는, 그 후에 또 경성에 정확한 지도가 있다는 말을 듣고, 곧 서울로 올라가, 이리저리 청을 하여, 대궐 안

奎章閣
규장각에 있는 조선 팔도 지도 한벌을 얻었다. 곧 황해도로 가지고 가서 실지로 조사를 한즉, 역시 먼저의 읍도와 별로 다름이 없다.

"이거 원, 지도가 있다고 모두 이래서야, 무슨 소용이 있나?"

이렇게 탄식을 하고, 이에 자기의 손으로 정확한 지도를 만들 결심을 굳게 하였다.

원체 지도를 만드는 이 일이, 기차, 기선, 할것 없이 모든 교통 기관이 다 있고, 모든 기계가 발달된 오늘날에 있어서도, 오히려 많은 금력과 인력이 드는 지극히 어려운 사업이어든, 하물며 한사람의 작은 힘으로, 더구나 교통이 불편한 그 당시에, 이것을 한다는 그의 결심이 그 얼마나 장렬한가?

이렇게 결심을 한 그는, 별로 노자도 없

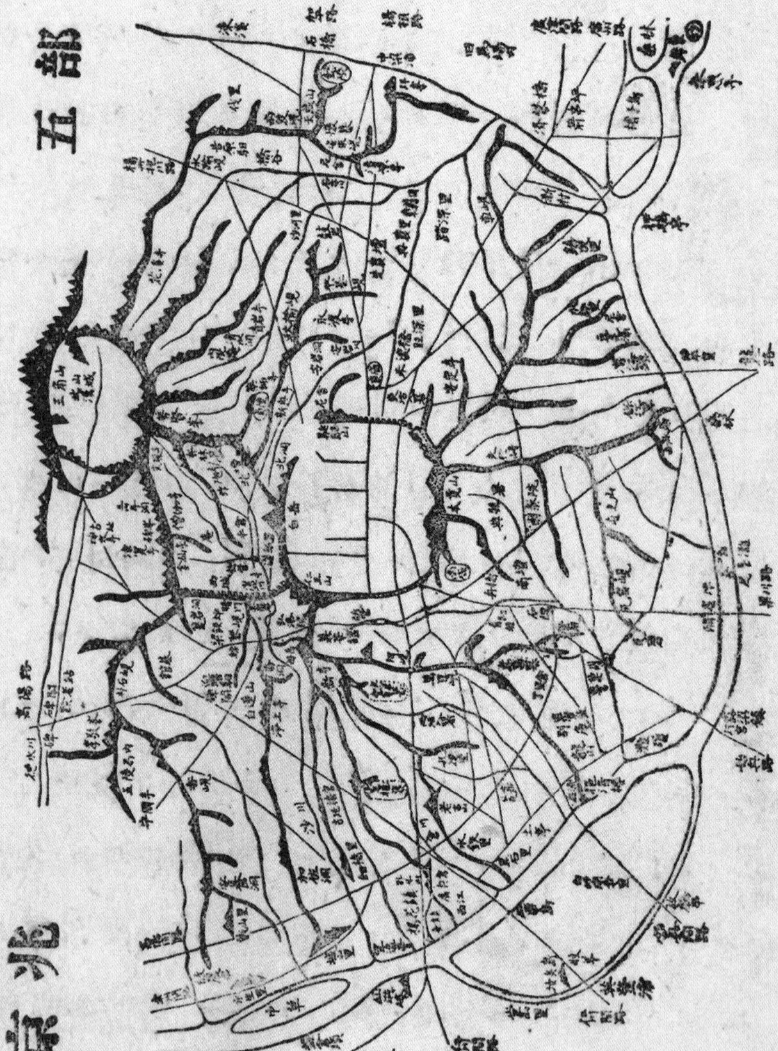
京兆五部

이 길을 나섰다. 어느 때는 돌 위에서 쉬고, 어느 때는 나무 밑에서 잤다. 찌는듯한 삼복 더위에 땀이 비오듯 흐르는 때도 많았고, 살을 에는듯한 추위에 손발이 언적도 한두번이 아니었었다. 끝 없는 벌판에서 며칠씩 밥을 못 먹고 굶주린 때도 있었고, 깊은 산중에서 병이 들어 물 한모금 얻어 마시지 못하고 신음한 일도 있었다. 그러나 의지가 굳센 그는 조금도 주저하지 않고 용기를 더욱 돋우어, 이 고을에서 저 고을로, 저 도에서 이 도로, 이렇게 모든 고생을 다 겪어가며 십여년을 돌아다니었다. 조선 팔도를 세번이나 돌았고, 백두산에만 여덟차례나 올랐다 한다. 그 얼마나 장한 일인가?

이리 하여 마침내 저 유명한 대동여지도라 하는 지도의 원고를 완성하였다. 스물 두첩의 원고는 되었으나, 이것을 인쇄할 길이 없다. 철석과 같은 그는 즉시 서울로 올라갔다. 서대문(西大門) 밖에 집을 잡고, 소설(小說)을 지어 얻은 돈으로, 근근히 생계를 삼아가는 한편에 판목(版木)을 하나씩 둘씩 사 모아서, 틈틈이 그의 딸과 함께 지도 판을 새기었다. 그의 정성이 어떠한가?

다시 십여년이라는 긴긴 세월을 두고 그 고생을 하여가며, 드디어 판목을 다 새기고 인쇄까지 하고말았다. 그 얼마나 기뻤을까? 그는 이 기쁨을 나누기 위하여, 친한 친구에게 몇벌씩 나누어 주고, 자기는 단 한벌만 가졌다 한다.

이 지도가 상세하고 정확함에는 문명한 오늘날 사람의 안목으로도, 다 탄복하는바이며, 우리 나라의 지리를 밝히고, 우리 나라를 다스림에도 이 지도가 얼마나 큰 힘을 주었는지 모르는것이다. 아, 김정호선생이여! 참으로 거룩한 어른이로다.

제 십 육과 청산 별곡

형님은 오늘 학교에 갔다 와서, 여태 들어보지 못하던 노래를, 재미있게 부르고 있다.

살어리랏다 살어리랏다
청산에 살어리랏다.

머루랑 다래랑 먹고,
청산에 살어리랏다.

얄리 얄리 얄라성
얄라리 얄라.

가만히 듣고있던 작은 누나는,

"그것이 무슨 소리요? 재미있게 들리는데."

"이것은 청산 별곡이라 하는 옛날 가요란다."

"가요가 무엇이요?"

"가요라고 하는것은, 옛 사람들이 부르던 민요, 즉 노래라는 말이다."

"별곡은 무엇이요."

"그것은 곡조의 한 이름이다."

"살어리랏다라고 하였지, 그것은 무슨 말이요?"

"살어리랏다라고 하는것은 살고싶다는 옛 말이다."

"또 맨 끝에 무어? 얄리 얄리 얄라셩 얄라리 얄라? 이것은 무엇이요?"

"그것은 후렴의 한가지인데, 흥이 넘치어 나오는 소리로서, 옛 가요에는 많이 쓰이었다고 한다."

형님은 웃어가며 또 다시,

"살어리랏다, 살어리랏다." 하고 부르기 시작 을 하였다.

제 십 칠과 훈민정음

우리 글은 세종대왕께옵서 처음으로 지으시어, 그 이십 팔년 구월에 세상에 반포하신것인데, 금년이 꼭 오백년째 됩니다.

세종대왕께서는 우리 나라 말의 소리에 들어맞는, 우리 글이 없음을 매우 한탄하시고, 또 백성들이 하고싶은 말이 있어도, 이것을 글로 나타내 적지 못하는 안타까움을, 크게 가엾게 여기시어, 우리 글 스물 여덟 글짜를 친히 만들어내시고, 그 이름을 훈민정음(訓民正音)이라고 하시었습니다.

그 전 신라(新羅) 때에, 설총(薛聰)이라 하는 학자가 일찌기 이두(吏讀)를 만들어, 우리 말을 적어온 일이 있기는 하나, 이것은 다만 한문 글짜를 빌어서 썼을따름이요, 우리 나라 말ㅅ소리를 주장으로 하여 지은것이 아니므로, 우리 나라 말의 몇분의 일도 나태내기 어려웠습니다.

그런데, 이 훈민정음은 겨우 스물 여덟자밖에 안 되지마는, 무슨 소리든지 이것으로 못 적을것이 없고, 어떠한 뜻이든지 이것으로 못 통할것이 없습니다. 지극히 간단하면서도, 가장 정밀하게 되었으니, 배우기에 쉽고 쓰기에도 쉬운, 세계에서 으뜸가는, 참 훌륭한 글입니다.

세종대왕께서는 우리 역대의 임금님 중에 가장 거룩하신 임금이십니다. 깊이 백성을 사랑하시어, 이 훈민정음으로 농사와 의약에 관한 모든 책을 번역도 하시며 새로 만드시기도 하시었습니다. 이 밖에 월인천강지곡(月印千江之曲)과 용비어천가(龍飛御天歌)를 지으시고, 여러가지로 이 훈민정음을 널리 펴시어, 사람마다 자유자재로 쓰도록, 갖은 노력을 하시었습니다.

大東千古開矇矓

用字例

初聲ㄱ。如감爲柿。골爲蘆。ㅋ。如우
케爲未舂稻。콩爲大豆。ㆁ。如러울
爲獺。서에爲流凘。ㄷ。如뒤爲茅。담
爲墻。ㅌ。如고티爲繭。두텁爲蟾蜍。
ㄴ。如노로爲獐。납爲猿。ㅂ。如볼爲
臂。벌爲蜂。ㅍ。如파爲蔥。풀爲蠅。ㅁ。

이 훈민정음이 반포된 때에는 모두 스물여덟자이었으나, 그 후 차차 우리 나라 말ㅅ소리가 변천됨을 따라 넉자가 줄어, 지금은 스물 넉자가 되었습니다. 각국의 풍토가 다름과 같이, 그 습관과 언어도 다른것입니다. 이에 맞는, 이와 같이 훌륭한 글이 우리 나라에 있다는것이, 이 얼마나 우리의 큰 자랑입니까?

제 십 팔과 석왕사

내가 아버지를 모시고 석왕사(釋王寺)에 간것은, 아직 버들눈도 트지 않은 삼월 그믐께이었습니다.

아침 여덟시쯤하여, 석왕사역에서 서편으로 통한, 탄탄한 길을 걷기 시작하였습니다. 한 삼십분 후에 사기리(沙器里)라는 마을에 도착하였습니다. 이마에 눈을 이고 있는 웅긋쭝긋한 먼 산들, 바구니를 옆에 끼고 나물 캐는 촌새악씨들, 쭉쭉 뻗은 노송은 울울창창하고, 졸졸 흐르는 시내ㅅ물 소리는, 왜거리의 울음ㅅ소리와 어울리어 골을 울리니, 참으로 속계(俗界)를 벗어난듯하였습니다.

마을에서 얼마 되지 않은 곳에 아담한 문이 있으니, 현판에 단속문(斷俗門)이라 씌어 있고, 거기서 십여메트르 들어간즉, 승선교(昇仙橋)라는 화강석 다리가 놓였습니다. 단속문 승선교, 어쪄면 이렇게도 이 근방에 어울리는 이름일까 하고, 다시금 좌우의 경치에 취하여버렸습니다.

유명한 석왕사 약물은, 거기서 삼백메트르 채 못 가서, 길 왼쪽 시내 건너 언덕에 있는데, 물 뜨러 온 촌새악씨 두서넛이 그 주위에 둘러 섰습니다. 직경이 십 오센티, 깊이가 육십센티 가량이나 되는 철관 안에, 부글부글 거품이 일어나며 조금씩 솟아 나옵니다. 그 물을 떠 마시어본즉, 과연 들은 바와 같이 천연 탄산수의 맛이요, 차기가 얼음 같습니다.

거기서 쉬엄쉬엄 물을 먹고, 또 다시 올라가기 시작을 하였습니다. 올라간다 하여도 자동차ㅅ길이므로 그리 대단하지는 않았습니다. 길이 시내를 따라 났는지, 시내가 길을 좇아 흐르는지, 옥 같이 맑은 물은 줄창 길

옆으로 흘러 내리고, 이름도 모를 산ㅅ새들은 즐거운듯이 재재거리며, 가끔 발ㅅ부리에 채일만큼 날아듭니다. 푸른 소나무 사이에 벗나무 신나무 개나리 진달래들이 섞이어 있어, 봄철이나 가을철의 경치는 더욱 좋은것입니다.

등안각(登岸閣)을 나서서 적조교(寂照橋)를 건너, 불이문(不二門) 조계문(曹溪門)을 지내니, 이 절 정문(正門) 설성동루(雪城東樓)가 나를 반가이 맞습니다. 아닌게아니라, 우리 나라 유명한 절인만큼 모든 건물이 크기도 하고 수도 많아서, 그 장엄한 기운에 나는 눌리고 말았습니다.

사무소에 가서 아버지께서 명함을 내놓으신즉, 곧 주지(住持)스님이 나와 맞아 들이어, 차를 내며 이 절의 유래를 차츰차츰 이야기하여주었습니다.

"이조(李朝) 태조대왕(太祖大王)께서 아직 임금이 되시기 전에, 멀리 금마(金馬)로부터 학성(鶴城)에 와 계실 때의 일입니다. 어느 날 밤에, 자기가 한 무너진 집 속에 들어가서, 서까래 셋을 짊어지고 나온 꿈을 꾸시었습니다. 태조대왕께서는 매우 이상하게 여기시고, 근처에 있는 노파에게 해몽을 시킨즉, 그 말이 '여기서 서쪽으로 사십리 가량 되는 설봉산(雪峯山) 속에 한 도승(道僧)이 있사오니, 거기 가셔서 물어보시옵소서.' 하였습니다. 그래 즉시 찾아가 보신즉, 과연 굴ㅅ속에 한 도승이 앉았습니다. 태조대왕께서는 공손히 인사를 하시고, 꿈을 물으시었더니, '등에 서까래 셋을 짊어진 형상을 글짜로 풀면, 임금왕(王)ㅅ자가 되니, 이 꿈은 당신이 쉬 임금이 될 꿈이외다.' 이렇게 꿈을 풀었습니다. 태조대왕께서는 대단히 기뻐하시어, 즉시 그 자리에 절을 이룩하시고, 성심으로 성취되기를 빌으시었습니다. 그랬더니 과연 그 후 얼마 안 되어서, 도승의 말대로 왕위(王位)에 오르시었습니다. 이 도승이 바로 저 유명한 무학선사(無學禪師)이고, 그 절이 곧 이 석왕사입니다. 석왕사라는 이름은, 임금왕ㅅ자로 꿈을 해석함에 말미암은것이올시다."

주지는 이야기를 다 하고 우리를 인도하여, 영월루(暎月樓) 범종루(泛鐘樓) 대웅전(大雄殿) 명부전(冥府殿) 응진당(應眞堂) 석왕사(釋王祠) 그 밖의 여러 건물을 보이고, 거기에 대한 설명과 전설을 들리어주었습니다. 그 중 응진당의 오백 나한(羅漢)은, 태조대왕께서 멀리 함북 길주(吉州)에서 하나씩 업고 오시었다는 전설과, 학식이 뛰어난 함월(涵月)이라는 중이, 아무것도 모르는체하고, 구년ㅅ동안이나 밥 짓는 공양주(供養主) 노릇을 하였다는 전설에는, 더욱 깊은 감동을 받았습니다. 절 구경을 다 하고나니, 꼭 열두시가 되었습니다. 영월루에서 점심을 먹고, 주지에게 깊이 사례한 후 산을 내리어가려 한즉, 주지는 붙잡고, 아직도 구경할 곳이 각처에 많이 있으니, 다 보고 가라고 자꾸 권하나, 시간이 없으므로 유감이지만 다음 기회를 약속하고, 떠났습니다.

조계문을 지내서 뒤를 돌아다본즉, 주지는 아직도 정문 앞 큰 느티나무 밑에서, 우리를 바라보고 섰습니다.

제 십 구과 광대한 우주

반공에 높이 뜬 교교한 달을 바라보며,

"아버지, 저 달도 역시 별이라지요."

하고, 영준이가 묻는다.

"그래. 천문학상으로는, 달이나 태양이나 또 우리들이 사는 이 지구나 다 별이라고 한다."

"다 같은 별이라면, 왜 달만 저렇게 커다랗게 보입니까? 달은 커서 그래요?"

"아니다. 달이 가깝게 있는 까닭이다."

"그러면, 여기서 얼마나 됩니까?"

"삼십 구만 이천킬로메트르라고 한다. 한시간에 이백킬로 가는 비행기를 타고, 조금도 쉬지 않고 간다고 해도, 팔십 이일이 걸리는 셈이다. 그래도 그것이 제일 가깝다고 한다."

"그러면, 태양은 얼마나 됩니까?"

"태양은 일억 오천 이백만킬로라고 한다. 그러면 아까 말한 비행기로, 여든 일곱 해를 줄곳 가야, 간신히 닿게 되는것이다."

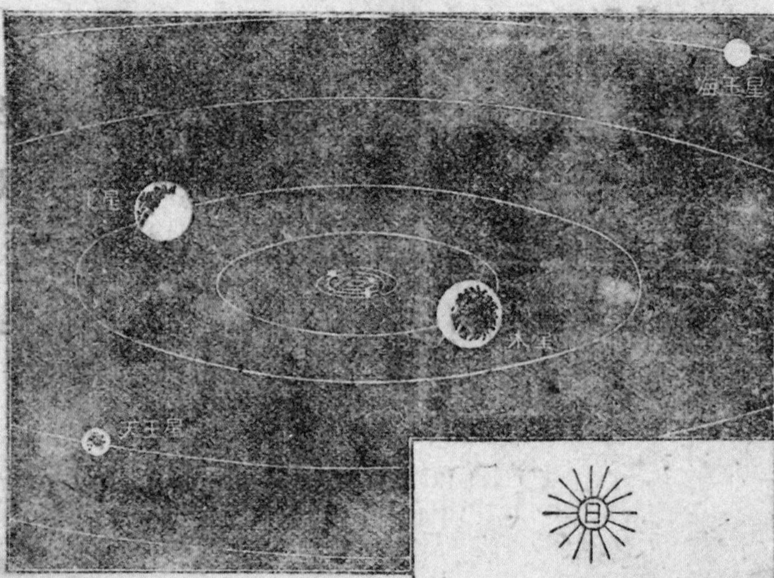

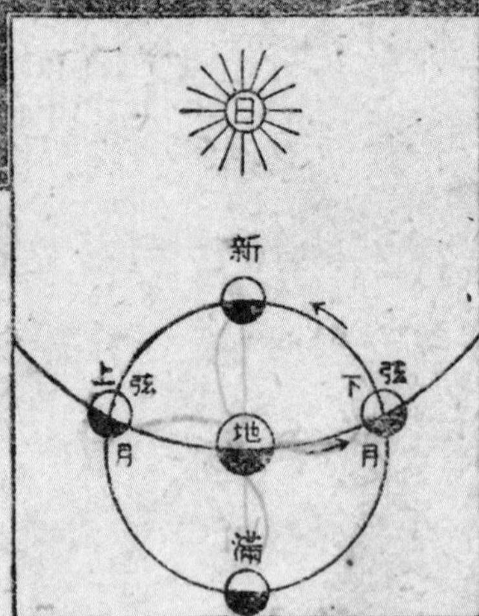

영준이는 '어이구' ㅅ소리를 내고, 눈이 둥그래졌다. 아버지는 웃으며,

"그것쯤 가지고 놀

라서는 안 된다. 태양이 그래도, 다른 별에 비하면 아주 이웃집 같은것이다.

저기 반짝거리는 견우성(牽牛星)은 지구에서 십 오 광년(光年), 이쪽에 있는 직녀성(織女星)은 삼십 이광년, 그 두 별 사이의 거리는 이십 사 광년이라고 한다."

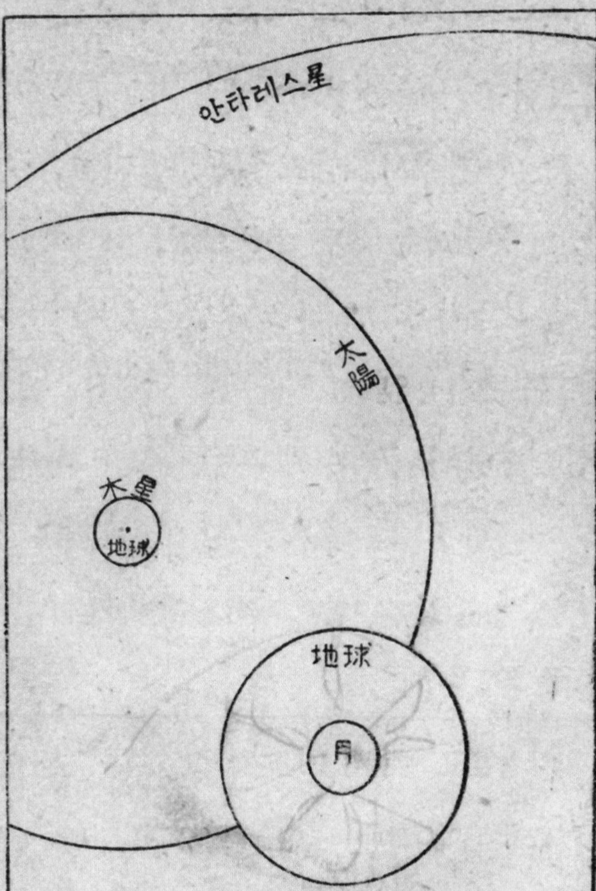

"아버지, 광년이 무엇이야요?"

"광년이라는것은, 천문학에.

서 쓰는 말인데 거리의 한 단위다. 광선은 일초ㅅ동안에 삼십만킬로씩 간다. 즉 일초ㅅ동안에, 지구를 일곱번하고 또 반이나 돌 수가 있는데, 이렇게 빠른 광선이 일년을 두고 가는 거리, 즉 구조(兆) 오천억(億)킬로를 일광년이라고 하는것이다."

영준이는 고만 놀라서 입도 못 벌리고, 눈만 둥그렇다. 아버지는 또 웃으며,

"고까짓것을 가지고 그리느냐? 그보다 더 먼 별이 얼마든지 있고, 이 지구에서 제일 먼 별은 십 몇만광년 이상이 된다고 한다. 이 우주가 얼마나 크냐?"

"거리는 대강 알았는데요, 저 달이 크기는 얼마나 됩니까?"

"달은 직경이 삼천 사백 칠십 오킬로가 된다."

"그럼, 지구는 얼마나 됩니까?"

"지구는 일만 이천 칠백 오십 육킬로, 즉

달보다 약 오십배나 된다."

"그러면 태양은 얼마나 됩니까?"

"태양은 직경이 백 사십 일만 육천킬로, 지구의 약 백 삼십만배가 된다. 태양은 태양계(系) 중에서는 제일 큰 왕이다."

"태양계라는것은 또 무엇입니까?"

"태양계라고 하는것은, 태양을 중심으로 해서, 그 주위를 돌아다니는 유성(游星)과 위성(衛星)들을, 통트러 말하는것이다."

"유성이니, 위성이니 하는것은 무엇입니까?"

"유성이라는것은, 수성(水星) 금성(金星) 지구(地球) 화성(火星) 목성(木星) 토성(土星) 천왕성(天王星) 해왕성(海王星) 명왕성(冥王星) 아홉 별을 가리키고, 위성이라는것은, 달처럼 유성의 주위를 돌아다니는 별을 가리키는 말이다. 이 유성 위성에 대해서, 태양과 같이, 돌아다니지 않는 별을 항성(恒星)이라고 한다. 항성은 유성이나 위성과 달라, 제몸에서 광선을 내고, 또 항성 끼리는 그 위치가 절대로 변하지 않는다."

"그러면, 항성은 태양 이외에도 많이 있습니까?"

"그럼, 은 모래를 뿌린듯한 저 별들이 우리의 맨눈으로 보이는것만 하여도, 그 수가 육천이나 되고, 망원경과 사진기의 힘을 빌면, 이십억이나 되는데, 그 거의 전부가 태양과 같은 항성이란다.

그런데, 그 이십억이라는것도, 지구에서 관측할 수 있는것만 가지고 말이지, 그 별들에 부속되어 있을 유성이라든지 위성들을 합한다면, 아직도 그 몇갑절이 될지 모른다."

"그러면, 그 항성들도 크기가 역시 태양만 합니까?"

"그렇게 낱낱이 분명하게 알 수는 없지마는, 평균 쳐서 태양만 하리라고 생각들을 하고 있다. 물론 그중에는 태양보다 큰것도 적지 않을것이다. 견우성만 하여도 태양의 다섯갑절이 되고, 직녀성은 이십 칠배가 되고, 별 중에 가장 크다는 안타레스는, 실로 태양의 일억배나 된다고 한다. 그렇게 큰 별들이, 저렇게 반짝반짝만 하는것은, 가까와도 사광년, 먼것이면 아까 말한것과 같이, 십 몇만광년이나 되는, 아주 먼데 있기때문이다."

영준이는 너무도 우주의 광대함에 놀라, 이제는 다시 물을 기력조차 없다.

"영준아, 어떠하냐? 그 말만 들어도 놀랐겠지마는, 그보다 더 놀랄 일이 있다."

하고, 아버지는 다시, 최근에 이르러, 지금 말한 우주만 있는것이 아니라, 그 밖에도, 그러한 우주가, 따로 몇개가 있는것 같다는, 학설이 있음을 말하였다.

제 이십과 시조 네수

(一)

나하기 좋다 하고,
남 싫은 일 하지 말고.

남들이 한다 하고,
의(義) 아녀든 좇지 마라.

우리는 천성을 지키어,
생긴대로 하리라.

(二)

어버이 살아신제,
섬기기 다 하여라.

지나간 후면,
애닯다 어이하리?

평생에 고쳐 못할 일,
이뿐인가 하노라.

(三)

말하기 좋다 하고,
　　　　남의 말을 말을것이.

남의 말 내 끋 하면,
　　　　남도 내 말 하는것이.

말로써 말이 많으니,
　　　　말 말을까 하노라.

(四)

샛별 지자 종다리 떴다,
　　　　호미 메고 사립 나니,

긴 수풀 찬 이슬에,
　　　　베 잠방이 다 젖것다.

아이야, 시절이 좋을손,
　　　　옷이 젖다 관계하랴?

제 이십 일과 고려자기

고려자기(高麗磁器)는 참으로 우리 나라 미술 문화의 꽃이라고 일컬을것이다. 천하 모든 사람의 온갖 사랑을 받고있을뿐 아니라, 이와 같은 물건을 만들어 내려고, 세계 각국이 다투어 연구는 하나, 아직도 그러한 천하의 일품(逸品)은 만들어 내지를 못한다.

아무리 공예술이 발달된 나라라도, 우리의 이 고려자기만은, 모방은 할 수 있으나, 그와 똑같은 물건은 도저히 만들 수 없다고 한다. 그 형상이라든지, 모양이라든지, 광택이 서로 잘 조화되어, 매우 자연스럽고, 조촐하고, 아담하고, 고상하여, 보면 볼수록 점점 맛이 나고, 조금도 실쯩이 나지 않는다. 참으로 천하의 예술품이라 아니할 수 없다.

고려시대의 문화가 얼마나 찬란하였으며, 그

장공의 독특한 솜씨가 얼마나 탁월하였던가 놀라지 않을 수 없는 동시에, 감사와 자랑을 느끼는바이다.

그러하나, 여기 지극히 유감되는것은, 외국인들은 이미 그 성까를 깨닫고 흥미를 느끼어, 이것을 사랑하고, 여러가지로 연구를 하나, 도리어 우리 조선ㅅ사람으로는 여기에 등한하며, 연구하는 사람이 너무도 적은것이다.

저 일본서 "아리다야끼"니 "사쓰마야끼"니 하는, 각지의 유명한 도자기들도, 모두 우리의 선조가 건너가 가르친것이다. 우리 조선ㅅ사람에게는, 이와 같이 도자기 만드는 독특한 재주의 피가 흐르고 있는것이다. 어찌 이것뿐일까? 우리는 모든 방면에 자신을 가지고, 끈기있게 연구하여, 새로운 문화를 세워 세계에 뽐내도록 노력해야 할것이다.

제 이십 이과 심 청

"아버지!"

품팔이 갔다 돌아온 심청(沈淸)이는, 싸리문을 밀치고 집 안으로 들어서면서, 피곤한 빛도 없이 맑은 목소리로 소리를 치었다.

"................"

좁고도 어두운 방ㅅ속에서는, 아무 대답도 없다.

"아버지! 주무십니까?"

심청이는 의심스러운듯이, 또 한번 크게 소리를 치었다. 그제야 비로소 그 아버지는, 아주 기운 없는 가는 목소리로,

"청이냐? 자지는 않는다."

할뿐이었다.

"그럼, 어디 불편하서요?"

"아아니."

"현순(玄順)이 집에서 떡을 주기에, 아버지, 생각하고 가져 왔으니, 이것을 잡수시어요."

심청이는, 평소와 달리, 근심에 잠긴 그 아버지를 이상히 생각하면서, 떡을 권하였다. 그러나, 심청의 아버지는 한숨만 쉰다.

"청아, 나는 큰일을 저질러 놨다."

"또, 무슨 걱정이셔요. 아버지 걱정된다 하시는 말씀, 들어보면 언제든지 별것 아내요. 아무 걱정 마시고, 식기 전에 떡이나 잡수시어요."

심청이는 앞을 못 보는 그 아버지 손에, 떡을 쥐어드린다. 그러나 아버지는 역시 한숨만 쉬고 앉았을따름이다. 답답히 생각한 심청이는,

"아버지! 그럼 이야기 들려주셔요."

하며, 아버지를 치어다본다. 아버지는 무거운 목소리로 입을 열었다.

"하도 네가 아니 오기에, 문 밖에를 나갔었다. 그래도 안 오니까, 차츰차츰 나간것이, 앞 못 보는 네 아비라, 개천에 빠져 헤매는 중에 하느님이 도왔는지, 노승 하나가 지나다가 건져주며 하는 말이, '앞을 못 봐 그랬구료. 공양미로 삼백석만, 부처님께 시주하면, 눈을 뜨게 하오리다.' 이 말을 들은 나로서는, 눈 먼것만 원통하여, 주책없이 약속했다. '삼백석을 시주하께, 눈만 뜨게 해주시오.' 약속은 하였으나, 너도 뻔히 알다싶이, 우리 같은 가난뱅이가 서되인들 얻을소냐. 시주한다 하여 놓고, 아니 내면 죄가 되고, 이 노릇을 어찌하랴?"

듣고 있는 심청의 눈에서는 눈물이 비오듯 한다. 앞 못 보는 불쌍한 아버지에게 대한 동정의 눈물이었다. 그칠줄 모르는 눈물을 간신히 씻고, 옷깃을 여미며 단정히 앉아, 아버지를 향하여 말을 한다.

"아버지, 너무 걱정하지 마십시오. 제 아무리 못났으나, 삼백석을 장만할께 안심하고 계십시오."

그 후로 심청이는, 힘껏 마음껏 될수있는대로 노력을 다하였다. 아침에는 먼동이 트기도 전에, 남의 집 방아질을 하여주며, 밤에는 잠을 자지 않고, 길쌈을 하여주었다. 이렇게 밤낮을 가리지 않고 품팔이를 하였으나, 도저히 될 일이 아니었다. 갖은 방법을 모두 생각하여보며, 갖은 수단을 연구하였으나, 별 도리가 없었다. 그래서 심청은, 드디어 마지막의 길을 취하였다.

그 때 배를 타고 남경으로 돌아다니며 장사하는 사람들이 있었다. 이 사람들은 먼 배ㅅ길이 무사하도록, 해마다 한번씩 어린 처녀를 사서, 물ㅅ귀신에게 바치는 풍습이 있었다.

심청이는 하다못하여, 여기 팔리어 가기로 결심을 한것이었다. 배ㅅ사람들은 심청의 원대로 공양미 삼백석을 주어, 곧 절에 시주는 하였으나, 그 후 며칠 아니 되어, 슬픈 날이 닥치어 왔다. 아무것도 모르고 있던 그의 아버지 심봉사는,

"이게 대체 웬 일이냐? 부처님을 속인 죄로, 천길 만길 지옥 속에 떨어져서 고생한들, 어찌 너를 죽이고서, 나 혼자만 살겠느냐? 나는 싫다. 나는 싫다. 너 죽으면 나도 죽자."

하며, 심청이를 놓지 않고 통곡을 한다. 그러나 지금 와서는, 다시 어찌할 도리가 없었다.

"아버지, 아버지, 설어 마셔요. 아버지 눈 뜨시면 고만 아내요? 여기서 더 좋을데 없습니다. 부모 위해 죽는것도 마땅합니다.

조금도 설어 말고 진정하셔요."

"듣기 싫다, 듣기 싫다. 너는 안 놓는다. 너를죽여 내 눈 떠서 무엇을 하니?"

심청이는 비오듯 흐르는 눈물을 씻어가며, 목이 메는것을 억지로 참고, 몸부림하는 아버지의 손을 간신히 뗀 후, 성화 같이 재촉하는 배ㅅ사람의 뒤를 따라 나섰다. 앞이 가리어 보이지 않는 눈이나, 연해 아버지의 우는 곳을 돌아다보며, 무거운 발을 한걸음 두걸음 떼어 놓았다.

밝은 달은 처량하게 강상을 비추고, 흐르는 물은 배ㅅ전을 두드리며 한없이 울어준다. 인정 없는 배ㅅ사람들조차 얼굴에 슬픈 빛을 띠었다. 별안간 풍덩하는 물ㅅ소리는 사방의 적막을 깨뜨리었다. 효녀 심청이가 부친의 눈 뜰것과 수복을 고요히 빌고, 몸을 던져 물로 뛰어든것이었다.

그 뒤 몇 시간이나 지났든지, 심청이는 정신이 들어 눈을 번쩍 뜨고, 사방을 살펴 보니, 아! 이상하다! 자기는, "동해용궁" 이라 쓴 현판이 걸린 아름다운 전각에, 여러 선녀들에게 옹위되어 누워 있지 않은가? 소스라쳐 일어나, 정면을 바라보니, 찬란하게 꾸민 전상에, 용왕이 금관을 쓰고 옥대를 띠고 점잖게 앉아 있다.

용왕은 심청이가 정신이 든것을 보고, 웃음을 띤 반가운 낯으로,

"너의 효성이 지극하기에, 너를 구원해 놓았으니, 인간으로 다시 나가, 너의 부친을 봉양해라."

한다. 심청이는 백배 사례한 후, 선녀들을 따라 덩을 타고 나오다가, 자기가 물에 뛰어들던 곳에 이르니, 홀연히 선녀들은 간 곳이 없고, 자기가 타고 있던 덩은 커다란 한송

이 꽃으로 변하여졌다. 심청이는 하는 수 없이, 그 속에서 이슬을 받아 먹고 날을 보내었다.

몇 달이 지난 후, 남경 갔던 배ㅅ사람들이 돌아오는 길에, 그 이상한 꽃을 보고 따다가 임금께 바치었다. 임금께서는 크게 기뻐하시어, 매일 그 꽃을 사랑하여 구경하시다가, 어느 날 우연히 심청이를 발견하시었다. 일변 놀라시며 일변 이상히 여기시어, 심청에게 그 곡절을 물으시었다. 심청이 이에 자기의 내력을 숨기지 않고, 자세히 사뢰었더니, 그 효심을 크게 감탄하시어, 심청이를 왕후로 삼으시었다.

효성이 지극한 심청이는, 이리하여 몸이 영귀하게 되었으나, 그것은 조금도 기쁜줄 모르고, 다만 잊지 못하는것은, 앞 못 보는 가련한 그의 아버지었었다. 여러가지로 궁리하다가, 임금께 여쭈어, 전국 맹인 잔치를 하게 되었다. 매일 수백명씩 장님을 대접하고, 초조한 마음으로 낱낱이 살피어 보았다. 그리 한지 나흘만이다. 의복이 남루하고 얼굴이 파리한 장님 하나가 들어온다. 틀림 없는 자기의 아버지다. 고만 반갑고 기쁨을 이기지 못하여, 뛰어 내려가,

"아버지!"

한마디 하고는, 손을 붙잡고 고만 그자리에 엎드러지어 울었다. 심봉사는 천만 뜻밖에 딸의 목소리를 듣자, 어찌 반가운지,

"무엇? 어디 보자!"

하며, 못 보는 눈이나마, 크게 떠서 보려 할 그 때이다. 멀었던 눈이 번쩍 뜨이며, 광명한 천지에 그립던 딸을 보게 되었다.

제 이십 삼과 경 주

불 국 사 (佛國寺)

시월 십 이일 불국사역(佛國寺驛)에 내린것이 오전 열 한시 이십 구분, 서울서 차에 오른지 약 열 세시간만이다.

신라의 옛 도읍 터요, 우리 나라의 찬란한 옛 문화의 근원이 되는 경주(慶州)를 찾으려, 몇 해를 두고 꾀하였으나, 뜻과 같지 못하고, 이번에야 비로소 그 소원을 이루었다.

인도하는 사람을 따라, 불국사의 정문 자하문으로 가니, 우선 나는 그 특이한 구조에 놀랐다. 단청을 곱게 한 문이 너더댓길이나 되는 높은 낭떠러지 위에 우뚝 섰고, 그 낭떠러지에는 두층으로 석축을 야단스럽게 쌓아 올리었다. 그 석축이야말로 내가 일찌기 보지 못하던것이다. 능숙한 숙수가 생률을 솜씨있게 괴어 올리듯, 둥글둥글한 자연 그대로의 바위ㅅ돌을 교묘하게 요리조리 이를 맞추어 쌓아 올리고, 그 사이사이에는 돌기둥을 보기 좋게 꾸며 세웠으며, 중요한 부분에는, 대패로 밀어도 더할 수 없이 반들반들하게 쪼은 돌을, 쌓기도 하고 깔기도 하였다. 나무로 짜서 놓은들, 이처럼 틈 하나 빈데 없고, 쏠린 곳 하나 없이, 꼭꼭 맞추어 놓을 수 있을까? 더구나, 사태가 나서 푹 파묻힌 일도 있었다는데 이와 같이 옛 자태가 조금도 변하지 않았으니, 그 얼마나 신라 시대의 건축술이 발달되었든지, 가히 추측할 수 있지 않은가?

나는 정면 높고도 긴 층계를 달음질하여 올라갔다. 이 층계도 역시 중간이 꺾이어 두층이 되고, 그 밑으로 사람들이 다니게, 청운교(淸雲橋) 백운교(白雲橋)라는 다리를 놓았다. 그리고, 이 층계는 좌우로 나뉘어 두줄이 되고, 그 두줄 층계 사이는 그대로 비스듬하게 만들었으니, 이것은 왕과 왕후가 연을 타고 오르고 내리시던 길이요, 좌우 층계는 신하들이 옹위하여 모시고 다니던 길이라 한다.

풍악을 잡히고 거둥하던, 그 당시의 호화스러운 한폭의 그림이 눈에 어린다. 이만한 큰 건축이 있었으니, 여기 어울리는 빛갈과 모양을 가진, 형형색색의 의상과 의장이 있었을것이요, 찬란하고도 고아하게 꾸민 가마가 있었을것이다. 이 장엄한 임금님의 행렬 사이에, 우리 나라 절세의 대음악가, 우륵이라는이의 아름다운 음률ㅅ소리가, 청아하게 흘러 사람으로 하여금 취하게 하였을것이다.

자하문에 올라 남편을 바라보니, 중신과 대사가 출입하던 범영루(泛影樓)가 마주 섰다. 여기도 청운교 백운교와 같이, 연화교(蓮華橋) 칠보교(七寶橋)라는

두 층계의 다리가 있어, 나의 흥미를 돋운다. 대웅전(大雄殿)쪽을 바라보니, 다보탑(多寶搭) 무영탑(無影搭)이 좌우에 솟아 나를 맞는다.

불국사가 신라의 문화를 대표한다면, 이 두 탑은 그 정화라 할까. 다보탑은 돌로 만들었으나, 그 찬란하고도 교묘한것이, 쇠에다 아루새기어 놓은것이나 다름 없다. 봄[illegible]바람 가을ㅅ비 천여년이면, 큰 산 높은 봉우리라도 변하였으련만, 허무러진 옛 도읍 터에 우뚝선 이 탑이, 어쩌면 이렇게도 까딱 없을까? 더구나 거기 새긴 매란국죽의 사군자는, 큰 예술가가 아니고는 이루지 못할 그러한 작품이다. 나는 새삼스럽게 예술의 무서운 힘을 느끼어, 나의 숙으러진 머리는 좀처럼 들리지 않고, 나의 어루만지는 손은 탑에서 떨어질줄을 모른다.

일천 이백년이나 되는 옛날에, 이와 같이

큰 절과 묘한 탑을 만들었으니, 이 우리 조상에 대하여, 지금 우리가 진보되었다고, 과연 뽐낼 수 있을까? 아니다, 아직 멀었다. 더 공부하고 더 힘써야 한다. 이렇게 느끼는 동시에, 우리에게는 이렇게 위대한 조상의 피가 흘러 있으니, 우리도 힘쓰면, 우리의 손으로, 족히 세계를 놀랠만한 큰 문화를, 건설할 수 있으리라는 자신을 얻었다.

다보탑을 곡선미(曲線美)라 하면, 무영탑은 직선미(直線美)라고 일컫겠다. 직선과 직선이 가로 세로 어우러지어, 공중으로 높이 쌓아 올라간 육층탑이다, 나는 이 탑을 보고, 그 때의 사람들이 결곡하고도 고상하였음을 짐작하였다. 때마침 정오의 해ㅅ빛을 받아, 선과 선의 그림자을 또렷또렷이 자아내어, 탑 전체의 날카로운 맛이, 더 한층 나의 가슴을 파고 든다. 이 탑의 본이름은 서가탑(釋迦塔)인데 무영탑이라고도 부르게 된, 그 전설을 아는 나로서는, 더욱 그러한 느낌을 가지는것이다.

그 전설은 이러하다. 이 조각을 맡은이는, 자기의 전 생명을 거기에다 바치고, 마음이 조금이라도 딴 곳으로 흩어질까 염려하였다. 그리하여 천리 밖에서 갖은 고생을 다 하여가며, 모처럼 찾아 온 그 안해도 만나지 않았다. 그리고, "오리쯤 떨어진 곳에 한 연못이 있으니, 그리 가서, 나의 새기는 탑 그림자가, 물에 비취기만 기다리라. 그림자가 보이면, 나의 일은 완성된것이니, 그 때 서로 만나자"고, 약속을 하였다. 그러나 이러한 대작품이 그리 쉽사리 될리가 없다. 일각이 삼추 같이 날마다 물만 드려다보던 그 안해는, 남편의 성공을 보지 못하고, 드디어 이 세상을 떠났다. 그 후로부터 이 연못을 영지(影池)라 하고, 이 탑을 무영탑(無影塔)이라고도 일컫게

된것이라 한다.

이리저리 돌아다니며 샅샅이 구경한 후, 대웅전 뒤에 있는 사리탑(舍利塔)을 마저 보고, 토함산(吐含山) 석굴암(石窟庵)으로 향하였다.

석 굴 암

나는 불국사와 석굴암을 한데 붙은줄 생각하였더니, 알고 본즉 여기서 십리나 된다. 불국사 앞 양옥집 호텔을 지나, 산ㅅ길을 휘어잡아 걷기를 시작하였다. 이 길은 넓고도 곱게 닦아놓아, 발이 성큼성큼 내놓인다.

이리 꾸불 저리 꾸불, 산허리를 올라간다. 왼편 산을 치어다보니, 새빨간 단풍ㅅ잎 사이에, 푸른 솔ㅅ잎이 누벼있고, 아래를 내려다보니, 천야만야한 깊은 골에, 비단실 같은 고운 물ㅅ줄기가 이리 꿈틀 저리 꿈틀 흘러내려가며, 깎아지른듯한 절벽에는, 손톱마다 물들이듯 노릇노릇한 풀ㅅ잎들이, 맵시 좋게 송

이송이 매달렸다. 이 토함산의 자연미와 불국사의 인공미와는, 서로서로 도와서 다시 없이 아울리어 있다.

이 비탈ㅅ길은 줄곧 올라갈뿐이었다. 해는 구름 사이로 들어가고, 가끔 시원한 바람이 불어는 오나, 나의 이마에서는 구슬 땀이 끊임없이 흐른다.

석굴암 어구는 끝 없이 넓은 동해바다를 내려다보고 있는데, 퇴락한 오막사리 한채가, 겨우 옛 석불사(石佛寺)의 자취를 남기고 있다. 경덕왕(景德王) 때의 재상 김대성(金大城)이라 하는이가, 발원(發願)하는바가 있어, 불국사도 짓고, 또 석굴암과 함께 큰 절을 지어 석불사라고 한것이다.

석굴암 문을 들어서니, 무서운 형상을 한 사천왕(四天王)이, 무시무시하게 딱 버티고 섰다. 속으로 들어간 나는, 우선 그 안이 어찌 큰

지, 혀를 쾌쾌 둘렀다. 높이가 사메트르, 직경이 칠메트르 가량이나 되는, 둥그런 굴인데, 천장까지 온통 화강석으로 둘러 쌓았다.

중앙에는 여러가지 기기묘묘한 반석을 깔고, 그 위에 본존(本尊) 서가여래(釋迦如來)의 불ㅅ상(佛像)이 태연하게 앉으시었는데, 어마어마하게 크고, 그 인자스러운 얼굴은 이 세상 모든 무리를 건지시려는듯, 아름답게 돌에 새긴 십체(十體) 나한(羅漢)은, 이 서가여래를 사모하며 호위하듯이 싸돌고있다.

자비에 넘치는 관음보살(觀音菩薩)의 얼굴, 지혜가 무쌍한 문수보살(文殊菩薩)의 귀와눈, 모두가 살아 있는듯하다.

이 여러 예술품에 끌리어 해 가는줄도 모르고 있다가, 허둥지둥 불국사역으로 뛰어가 경주읍으로 향하였다.

一千九百四十六年 五月 二日 印刷
九百四十六年 五月 五日 發行

초등국어교본 하

定價 金 七 圓

漢城市鍾路區壽進町百八十八番地
朝 鮮 語 學 會

著 軍 政 廳 文 敎 部

漢城市龍山區大島町三十八番地
兼者 朝鮮書籍印刷株式會社
代表者 崔 長 秀

漢城市龍山區大島町三十八番地
行 所 朝鮮書籍印刷株式會社